LIFE IS A
# JOURNEY

presented by A-Works

# LIFE IS A

人生は旅だ。
自分だけの地図を描こう。

# JOURNEY.

人生には二通りの生き方しかない。
ひとつは、奇跡などないかのような生き方。
もうひとつは、すべてが奇跡であるかのような生き方。

アルベルト・アインシュタイン（ドイツの理論物理学者）

今日という日は、
残された人生で最初の日。

チャールズ・ディードリッヒ（アメリカの薬物中毒患者救済機関の設立者）

なんのために　生まれて
なにをして　生きるのか
こたえられないなんて
そんなのは　いやだ！

なにが君の　しあわせ
なにをして　よろこぶ
わからないまま　おわる
そんなのは　いやだ！

アンパンマン
『アンパンマンのマーチ』

好奇心はいつだって、
新しい道を教えてくれる。

ウォルト・ディズニー（ウォルト・ディズニー・カンパニー創設者）

もし今日が自分の人生最後の日だとしたら、
今日やる予定のことを、私は本当にやりたいだろうか？

スティーブ・ジョブズ（アップル創業者）

想像力は、知識よりも大切だ。
知識には、限界がある。
想像力は、世界を包み込む。

アルベルト・アインシュタイン（ドイツの理論物理学者）

# まずまずの人生をこのまま送るか？
# 二度とない人生を求め続けるか？

布袋寅泰『BEAT EMOTION』

# 幸せとは、旅の仕方であって、行き先のことではない。

ロイ・M・グッドマン（アメリカの政治家・実業家）

モンゴル「ゴビ砂漠」 19

One ship drives east and another drives west
With the selfsame winds that blow.
'Tis the set of the sails,
And Not the gales,
That tell us the way to go.

Like the winds of the sea are the ways of fate;
As we voyage along through life,
'Tis the set of a soul
That decides its goal,
And not the calm or the strife.

ある船は東に行き、別の船は西に行く

吹きゆく風は同じ風でも

進路を決めるのは、大風ではない

帆の向きである

運命の流れも、海を吹く風に似ている

人生の航海で、その行く末を決めるのは

凪でも嵐でもない

心の持ち方である

エラ・ウィーラー・ウィルコックス（アメリカの詩人）
『The Winds of Fate（運命の風）』

岸を見失う勇気がなければ、
新しい海を見つけることはできない。

アンドレ・ジッド（フランスの小説家）

# 自分の世界の広さは
# 「心の広さ」に比例している。

ウェイン・W・ダイアー（アメリカのスピリチュアリスト）

あの空の青い色は、
子供の時と同じだろうか。

『パタゴニア・プレゼンツ』 エスクァイア・ジャパン

いつもしていることをし続けていれば、
いつも得ているものしか得られない。

いま自分が得ているものが気に入らなければ、
自分の行動を変えなければならない。

ジャック・キャンフィールド（アメリカの作家）

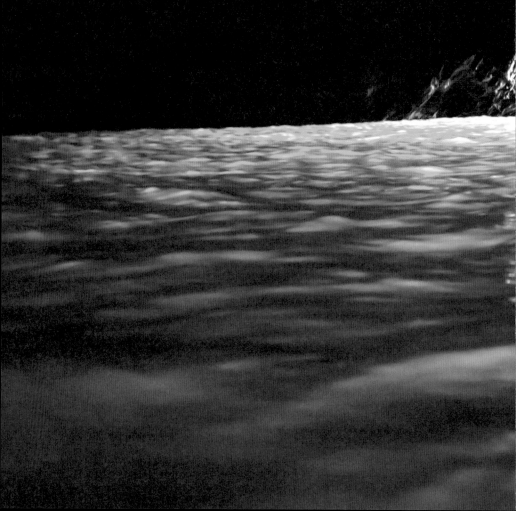

妥協してちゃ、
それなりのもんしか手に入んねーぜ

『BECK』ハロルド作石／講談社

どんなに洗練された大人の中にも、
外に出たくてしょうがない小さな子供がいる。
Inside every sophisticated grownup adult
is a little kid just dying to get out.

ウォルト・ディズニー（ウォルト・ディズニー・カンパニー創設者）

# とにかく、新しい毎日なんだ。

アーネスト・ヘミングウェイ（アメリカの小説家・詩人）

Every day is a new day.

危険を冒して前へ進もうとしない人、
未知の世界を旅しようとしない人には、
人生は、ごくわずかな景色しか見せてくれないんだよ。

シドニー・ポワチエ（アメリカの映画俳優・監督）

# 人生はアドベンチャー
# たとえ踏み外しても
# 結局楽しんだ人が 笑者です

Mr.Children『タイムマシーンに乗って』

# 遊ばざる者、

『パタゴニア・プレゼンツ』　エスクァイア・ジャパン

# 働くべからず。

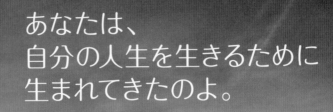

あなたは、
自分の人生を生きるために
生まれてきたのよ。

映画『サウンド・オブ・ミュージック』
20世紀フォックス ホーム エンターテイメント ジャパン

# 今日を楽しめ。
## 自分自身の人生を
## 忘れがたいものにするのだ。

『いまを生きる』著：N・H・クラインバウム 訳：白石朗／新潮社

赤茶けた碇を上げ　ほら放たれた光の船出

ほころびた地図を手に　ほら喜びは自分の胸に

恐怖心で身を伏せるより　ほら好奇心で宙を舞うように

本当の僕らは自分次第　ほら本当の僕らは自由自在

SPECIAL OTHERS & Kj(from Dragon Ash)『Sailin'』

# 自分の行く道は、
# 自分で決めたほうが、
# 楽しいに決まっている。

『MAZDA』キャッチコピー

すべてのルールに従って生きていたら、
私はどこにも行けやしないわ。

マリリン・モンロー（アメリカの女優）

正しい掟というのは、
自由へみちびいてくれるものだけなのだ。

『カモメのジョナサン』 著：リチャード・バック 訳：五木寛之／新潮文庫

# 足踏みしてても、
# クツは減るぜ。

『純ブライド』 吉田聡／小学館

エジプト「白砂漠」 55

手放したモノの数だけ、
僕らは自由になれるのだ。

ホーボージュン（アウトドアライター）

COAST PATH
CHARMOUTH 1½

STONEBARROW
HILL ½

COAST PATH
GOLDEN CAP 1½

行動とは自分を満足いかん場所から
自分をカッコエエと思える場所へ移動させる時に使う
一番てっとり早い交通手段のことである。
いわばチャリンコみたいなもんや。

三代目魚武濱田成夫（詩人）
『三代目魚武濱田成夫語録』　幻冬社文庫

人生に安定などない。
されば不安定に強き漢（おとこ）になろう。

桜井章一
『雀鬼流。』 三五館

# 考えすぎると、人間は臆病になる。

映画『コクーン』20世紀フォックス ホーム エンターテイメント ジャパン

下を向いたままだと、虹を見つけることはできませんよ。

You'll never find a rainbow,
if you're looking down.

チャールズ・チャップリン（イギリスの映画俳優・喜劇王）

あなたの欲しいものはすべて、
恐れの向こう側にある。

ジャック・キャンフィールド（アメリカの作家）

４つのものは、かえってこない。
口から出た言葉、
放たれた矢、
過去の生活、
そして失った機会。

アラブのことわざ

明日に延ばしてもいいのは、
やり残して死んでもかまわないことだけだ。

パブロ・ピカソ（スペインの画家）

世界は丸い。
終わりのように見える場所は
また始まりでもあるかもしれない。

アイビー・ベイカー・プリースト（アメリカの政治家）

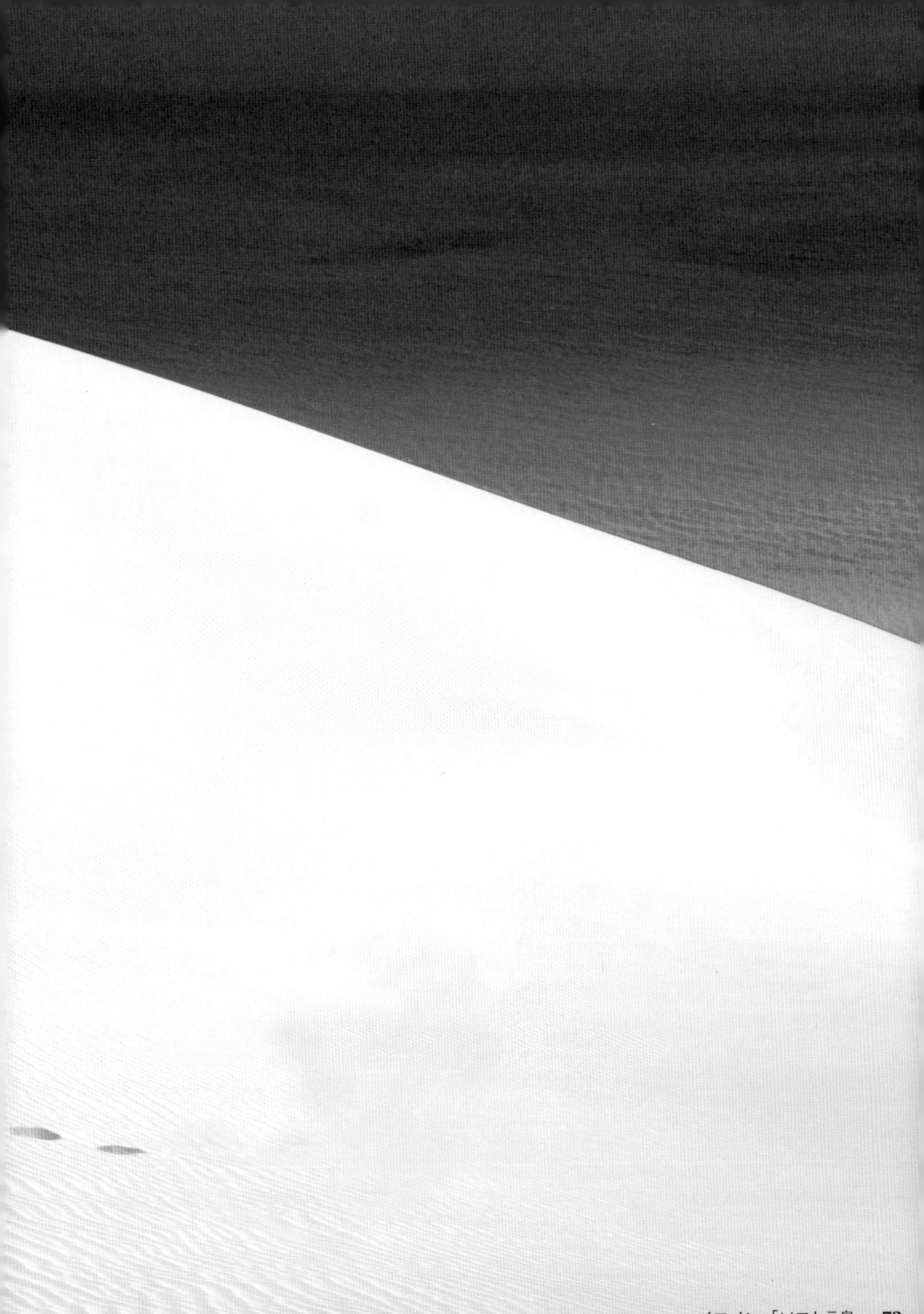

どこかにたどり着きたいと欲するならば、今いるところには留まらないことを決心しなければならない。

ジョン・ピアポント・モルガン（アメリカの投資家・モルガン財閥創設者）

迷った時はね
「どっちが正しいか」なんて考えちゃダメよ
日が暮れちゃうわ

頭で考えなきゃいいのよ
答えはもっと下

あなたのことなら
あなたの胸が知ってるもんよ

「どっちが楽しいか」で決めなさい

金子・シャロン（天体観測所職員）
『宇宙兄弟』小山宙哉／講談社

発見の旅とは、新しい景色を探すことではない。新しい目で見ることなのだ。

マルセル・プルースト（フランスの作家）

美しいものを見つけるために
私たちは世界中を旅行するが、
自らも美しいものを携えて行かねば、
それは見つからないだろう。

ラルフ・ワルド・エマーソン（アメリカの思想家）

どの港へ向かうのかを知らぬ者にとっては、
いかなる風も順風たり得ない。

セネカ（ローマの哲学者）

未知の世界を探求する人々は、

# 地図を持たない旅行者である。

湯川秀樹（理論物理学者・ノーベル物理学賞受賞者）
『旅人 ある物理学者の回想』角川ソフィア文庫

「空はいつだって完璧さ」
「一秒ごとに変化してるのに完璧だって、そう思うか？」
「ああ、海もそうだ、完璧だ」
「完璧であるためには、一秒ごとに変化しなくてはならない、
　どうだ、勉強になるだろう」

『イリュージョン』　著：リチャード・バック 訳：村上龍／集英社文庫

最も強い者が生き残るのではない。
最も賢い者が生き残るのでもない。
唯一生き残ることができるのは、
変化できる者である。

チャールズ・ダーウィン（イギリスの自然科学者）

雲の如く
高く
くものごとく
かがやき
雲のごとく
とらわれず

小川未明（小説家・児童文学作家）

あなたにとってすべてが向かい風のように見えるとき、思い出そう。
飛行機は、追い風ではなく、向かい風によって飛び立つのだということを。

ヘンリー・フォード（アメリカの企業家・フォードモーター創設者）

# 大人達に褒められるような
# 馬鹿にはなりたくない

THE BLUE HEARTS『少年の詩』

生きるとは呼吸することではない。
行動することだ。

ジャン＝ジャック・ルソー（フランスの思想家）

陽はまたのぼり繰り返していく
僕達の空をのみこんでいく
生き急ぐとしてもかまわない
飛べるのに飛ばないよりはいい

Dragon Ash『陽はまたのぼりくりかえす』

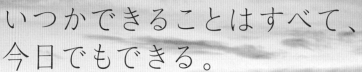

いつかできることはすべて、
今日でもできる。

ミシェル・ド・モンテーニュ（フランスの哲学者）

選び疲れて眠るより、
歩き疲れて眠りたい。

砂漠の民の言葉

一瞬の衝動は
永遠の激動

その場所から飛ぶなら
今　ほら

Bivattchee『太陽の真ん中へ』

旅に出る理由を聞かれたら、
私はいつもこう答える。
「何から逃げたいのかはよくわかっているが、
何を求めているのかはわからない」と。

ミシェル・ド・モンテーニュ（フランスの哲学者）

重いものをみんな棄てると
風のように歩けそうです

高村光太郎（詩人）『人生』

『道』

此の道を行けば　どうなるのかと　危ぶむなかれ
危ぶめば　道はなし
ふみ出せば　その一足が　道となる　その一足が　道である
わからなくても　歩いて行け　行けば　わかるよ

清沢哲夫（宗教家・哲学者）
『無常断章』法藏館

明日を変えるのは 君のたった今
未来を変えるのは 君のたった今

GAKU-MC『昨日の No, 明日の Yes』

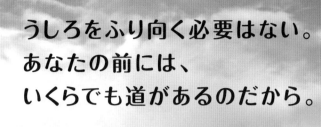

うしろをふり向く必要はない。
あなたの前には、
いくらでも道があるのだから。

魯迅（中国の作家・思想家）

大切なことは、
出発することだった。

星野道夫（写真家）
『長い旅の途上』　文春文庫

私たち一人ひとりが航海している
この人生の広漠とした大洋の中で、
理性は羅針盤、情熱は疾風。

アレキサンダー・ポープ（イギリスの詩人）

My direction is as pleasing to the soul.
魂 に と っ て 心 地 よ い 生 活 が し た い 。

イヴォン・シュイナード（パタゴニア創始者）
『パタゴニア・プレゼンツ』 エスクァイア・ジャパン

# 休みたいのなら、なぜいま休まない？

ディオゲネス（古代ギリシアの哲学者）

世界とは鏡のようなもの。
それを変えるにはあなたを変えるしかない。

アレイスタ・クロウリー（イギリスの魔術師）

ボリビア「ウユニ塩湖」

変わり続けるのさ　変わらない為に
空に漂う雲の様に
流れ続けるのさ　流される前に
風に逆らう鳥の様に

Caravan『Changes』

道をえらぶということは、
かならずしも歩きやすい安全な道を
えらぶってことじゃないんだぞ

ドラえもん
『ドラえもん』藤子・F・不二雄／小学館

ポルトガル「サンミゲル島（アゾレス諸島）」 129

生きているということ
いま生きているということ
いま遠くで犬が吠えるということ
いま地球が廻っているということ
いまどこかで産声があがるということ
いまどこかで兵士が傷つくということ
いまぶらんこがゆれているということ
いまいまが過ぎてゆくこと

生きているということ
いま生きているということ
鳥ははばたくということ
海はとどろくということ
かたつむりははうということ
人は愛するということ
あなたの手のぬくみ
いのちということ

笑えるということ
怒れるということ
自由ということ

谷川俊太郎（詩人・絵本作家）

『生きる』

生きているということ
いま生きているということ
それはのどがかわくということ
木もれ陽がまぶしいということ
ふと或るメロディを思い出すということ
くしゃみをすること
あなたと手をつなぐこと

生きているということ
いま生きているということ
それはミニスカート
それはプラネタリウム
それはヨハン・シュトラウス
それはピカソ
それはアルプス
すべての美しいものに出会うということ
そして
かくされた悪を注意深くこばむこと

生きているということ
いま生きているということ
泣けるということ

本当の自由とは…
自分のルールで生きるってことなんだよ

桜木建二
『ドラゴン桜』© 三田紀房／コルク

あなたが望む世界を見るためには、
あなた自身が変わっていかなくてはならないのです。

マハトマ・ガンジー（インドの非暴力運動の指導者・政治家）

# NO RAIN,
# NO RAINBOW

雨 が 降 る か ら 虹 も 出 る 。

ハワイのことわざ

# 道に迷うことは、
# 道を知ることだ。

スワヒリ族のことわざ

# ひとつのドアが閉まると、
# 別のドアが開く。

When one door closes, another door opens.

アレキサンダー・グラハム・ベル（アメリカの発明家）

そこにたどりつこうとあせってはいけない。
「そこ」など、どこにもないのだから。
本当にあるのは「ここ」だけ。
今という時にとどまれ。
体験をいつくしめ。
一瞬一瞬の不思議に集中せよ。

それは美しい風景の中を旅するようなもの。
日没ばかり求めていては
夜明けを見逃す。

ネイティブ・アメリカンの言葉
『ネイティブ・アメリカン　聖なる言葉』
著：ロバート・ブラックウルフ ジョーンズ、ジーナ ジョーンズ
訳：加藤諦三／大和書房

あらゆる旅は、その速さに比例してつまらなくなる。

ジョン・ラスキン（イギリスの美術評論家・社会思想家）

…一度後ろを向いたら、
昇る陽は見えない…

『サンクチュアリ』史村翔、池上遼一／小学館

どこかに通じている大道を僕は歩いているのじゃない
僕の前に道はない
僕の後ろに道は出来る
道は僕のふみしだいて来た足あとだ
だから
道の最端にいつでも僕は立っている

高村光太郎〔詩人〕
『道程』

一生、雑魚であれ。
死ぬまで、学ぶ心を忘れない。
一生、旅人であれ。
死ぬまで、出逢いの喜びを忘れない。

ある旅人の言葉

森の分かれ道では、
人の通らぬ道を選ぼう。
すべてが変わる。

ロバート・フロスト（アメリカの詩人）

あなたの知らないところに　いろいろな人生がある

あなたの人生が　かけがえのないように
あなたの知らない人生も　また　かけがえがない

人を愛するということは
知らない人生を　知るということだ

灰谷健次郎（作家）
『ひとりぼっちの動物園』　あかね書房（重版未定）

見知らぬ街で自分が孤独だと気づくことは、
世界で最も大きな喜びのひとつである。

フレヤ・スターク（イギリスの探検家）

明日死ぬがごとく生き、
永遠に生きるがごとく学べ。

マハトマ・ガンジー（インドの非暴力運動の指導者・政治家）

たいせつなことは、
いつも空の下で気付く。

『JAL』キャッチコピー

さまよえる者すべてが
迷子になるとは限らない。

J.R.R. トールキン（イギリスの作家）

# 大切なのは、疑問をもち続けることだ。

アルベルト・アインシュタイン（ドイツの理論物理学者）

太陽を見ていなさい。
そうすれば影は見えなくなるから。

オーストラリアの先住民・アボリジニの言葉

人間は幸せだから歌うのではない。
歌うから幸せになるのだ。

ウィリアム・ジェームズ（アメリカの哲学者・心理学者）

# この海で一番自由な奴が海賊王だ!!!

モンキー・D・ルフィ（海賊）
『ONE PIECE』©尾田栄一郎／集英社

人生は速度を上げるだけが能ではない。

マハトマ・ガンジー（インドの非暴力運動の指導者・政治家）

ハートに響かないものは
存在していないのと同じだ。

山崎眞行（ロカビリーショップ「クリームソーダ」代表）
『CREAM SODA PRESENTS No.3』

ありふれた
足跡なんだと
思ってた

二度と踏めない
足跡だった

『神戸女子大学』TVCM 2013

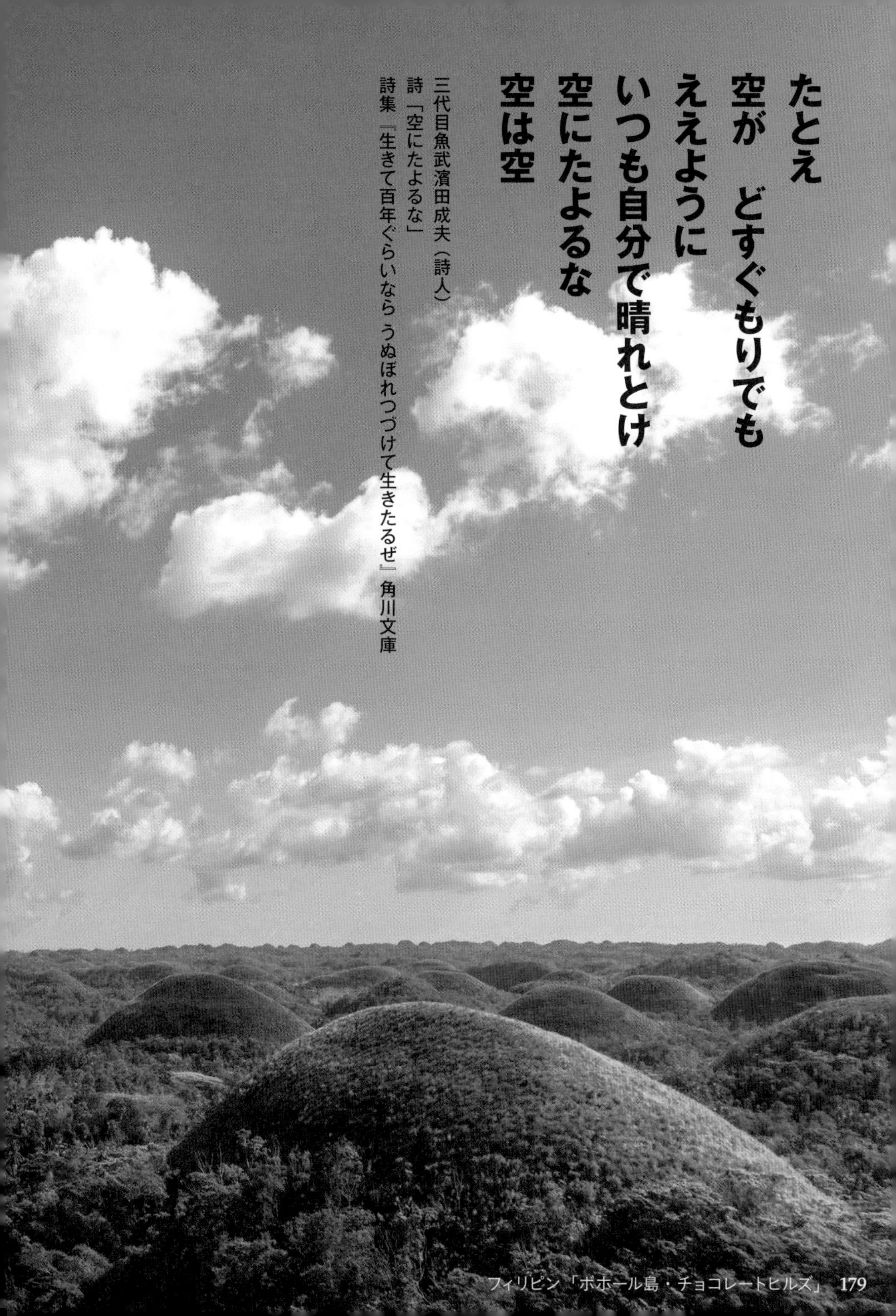

**たとえ**
**空が　どすぐもりでも**
**ええように**
**いつも自分で晴れとけ**
**空にたよるな**
**空は空**

三代目魚武濱田成夫（詩人）
詩「空にたよるな」
詩集『生きて百年ぐらいなら うぬぼれつづけて生きたるぜ』角川文庫

フィリピン「ボホール島・チョコレートヒルズ」

砂 漠 が 美 し い の は 、
ど こ か に 井 戸 を 隠 し て い る か ら だ よ 。

『星の王子さま』　サン=テグジュペリ

遠くへ行き過ぎた者だけが、
自分がどこまで行けるのかを知ることができる。

T・S・エリオット（イギリスの詩人）

最も高く飛ぶカモメが
　　最も遠くを見通せるのだ。

『カモメのジョナサン』著：リチャード・バック　訳：五木寛之／新潮文庫

日の光を藉りて照る大いなる月たらんよりは、
自ら光を放つ小さき灯火たれ。

森鷗外（小説家・軍医）

あなたのインスピレーションや
イマジネーションを抑えてはならない。
模範の奴隷になるな。

フィンセント・ファン・ゴッホ（オランダの画家）

初心消えかかるのを
暮らしのせいにするな
そもそもが
ひよわな志しにすぎなかった

駄目なことの一切を
時代のせいにはするな
わずかに光る尊厳の放棄

自分の感受性くらい
自分で守れ
ばかものよ

茨木のり子（詩人）

『自分の感受性くらい』

ぱさぱさに乾いてゆく心を
ひとのせいにはするな
みずから水やりを怠っておいて

気難しくなってきたのを
友人のせいにはするな
しなやかさを失ったのはどちらなのか

苛立つのを
近親のせいにはするな
なにもかも下手だったのはわたくし

洗練を突き詰めると簡潔になる。

レオナルド・ダ・ヴィンチ（イタリアの芸術家）

道のありがたみを知っているものは、
道のないところを歩いたものだけだ。

大島亮吉〔登山家〕

人生はどれだけ呼吸をし続けるかで決まるのではない。
どれだけ心のふるえる瞬間があるかだ。

ジョージ・カーリン（アメリカのコメディアン）

# Stay hungry, stay foolish.

ハングリーであれ、愚かであれ。

『Whole Earth Catalog』October 1974

「何かが終わり　また何かが始まるんだ」
こうしてずっと　この世界は廻ってる

Mr.Children『Starting Over』

星とたんぽぽ

青いお空の底ふかく、
海の小石のそのように、
夜がくるまで沈んでる、
昼のお星は眼にみえぬ。
　見えぬけれどもあるんだよ、
　見えぬものでもあるんだよ。

散ってすがれたたんぽぽの、
瓦のすきに、だァまって、
春のくるまでかくれてる、
つよいその根は眼に見えぬ。
　見えぬけれどもあるんだよ、
　見えぬものでもあるんだよ。

金子みすゞ（童謡詩人）
『金子みすゞ童謡全集』JULA出版局

ドイツ「アルゴイ」　203

# ある日の真実が、
# 永遠の真実ではない。

チェ・ゲバラ（キューバの革命家）

# 答えがないのも、答えのひとつ。

ネイティブアメリカン・ホピ族に伝わる格言

心で見なくちゃ、ものごとはよく見えない。
本当にたいせつなことは、目に見えないんだよ。

『星の王子さま』サン＝テグジュペリ

私たちは、美しくて、魅力的で、
冒険に満ちた素晴らしい世界に住んでいる。
目を開いて探していれば、
私たちの物語に終わりはない。

ジャワハルラール・ネルー（インド初代首相）

Chance is the providence of adventurers.

チャンスをもたらしてくれるのは、冒険である。

ナポレオン・ボナパルト（フランスの皇帝）

私たちの人生の目的は、
幸せになることなのです。

ダライ・ラマ 14 世（チベット仏教最高指導者）

旅の仕方にも生き方にも、正しい答えなどない。

LIFE IS A JOURNEY.
HAVE A NICE TRIP!

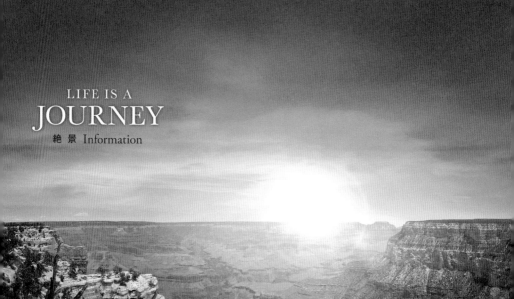

LIFE IS A
## JOURNEY
絶景 Information

### 1 装丁（カバー）, P64-65　アメリカ「グランドキャニオン」
Photo：装丁 ©Meinzahn, P64-65©dgrilla

アリゾナ州北部にある世界で最も雄大な峡谷。ルーズベルト元大統領が「すべてのアメリカ人は、生涯に一度はグランドキャニオンを訪れるべき」と言わしめたアメリカを代表する自然国立公園。何億年もかけて水の浸食や地殻変動を繰り返し削り出された芸術的な地形が、東西約446kmにわたり広がり、圧巻の絶景を生み出している。

### 2 表紙, P204-205　アメリカ「モニュメントバレー」
Photo：表紙 ©FernandoAH, P204-205©ventdusud

メサと呼ばれるテーブル状の台地や、メサがさらに侵食が進み細くなった岩山が点在しており、まるで記念碑（モニュメント）が並んでいるように見えることから、モニュメントバレーと呼ばれている。ネイティブ・アメリカンの居住区として有名なナバホ国内にあり、「ナバホ族の聖地」とも言われている。

### 3 P2-3　アメリカ「US-163」
Photo：©Lisa-Blue

行く先にモニュメントバレーを望むことができる美しい一本道、国道163号線。周囲には赤茶けた大地と岩山があり、西部劇を彷彿とさせる風景が広がっている。映画「フォレストガンプ／一期一会」で、アメリカ大陸を走り続けてた主人公が立ち止まった有名な場所「フォレストガンプポイント」もこの道にある。

## 4 P4-5 フランス「プロヴァンス・ヴァランソル」
Photo：©StevanZZ

フランスの南東部、イタリアとスペインに挟まれるプロヴァンスは、毎年6〜8月になると、南仏の代名詞とも言える花・ラベンダーが咲き誇る。写真は、標高600m、北アルプスの峰が遠望できる美しき大地「ヴァランソル高原」。初夏になると、見渡す限りの紫色の絨毯が広がる。

## 5 P6-7 ドイツ「ノイシュヴァンシュタイン城」
Photo：©Dieter Meyrl

ドイツ南部、バイエルン州の山頂にそびえる白亜の城。ドイツのヴュルツブルクからフュッセンまでの366kmのルート「ロマンチック街道」のハイライトでもある。世界の名城としても名高く、ディズニーランドのシンデレラ城のモデルになったと言われている。城の美しさもさることながら、周囲の絶景がまた素晴らしい。

## 6 P8-9 チェコ「モラヴィア」
Photo：©a_Taiga

チェコ東部、ブルノ郊外に位置するモラヴィア地方の大草原。「世界一美しい広場」との呼び声も高く、陽光を浴びてゆるやかに波打つ緑の大海原は、絵画のように美しい。1992年に世界遺産にも登録されている。夕陽が沈む頃に、緑色から金色へと変化していく様子がまた素晴らしい。

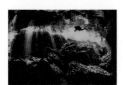

## 7 P10-11 メキシコ「グランセノーテ」
Photo：©Predrag Vuckovic

セノーテとは、ユカタン半島の起伏の少ない石灰岩地帯に見られる、陥没穴に地下水が溜まった天然の泉のこと。中で最も美しいと言われる「グランセノーテ」は、100m先まで見えるほどの透明度を誇る。水中を覗いてみれば、強烈に射し込む光によって生み出された、神々しい世界が広がっている。

## 8 P12-13 ロシア「カムチャツカ」
Photo：©Svetaleo

ユーラシア大陸の北東部にある半島。過去300年で50回以上も噴火している半島最高峰のクリュチェフスカヤ山（標高4,835m）など多くの火山を抱えており、「世界で最も活動的な火山地域のひとつ」と称されている。冷えた溶岩や火山灰が織り成す風景はまるで別世界のよう。

## 9 P14-15 エジプト「シワオアシス」
Photo：©cinoby

エジプトの首都カイロから西へ約560km、リビア国境に近いエジプト西方砂漠の中に現れる全長約80kmの独特の雰囲気を持つオアシス。紀元前331年アレクサンダー大王がアモン神の神託を受けた土地としても知られている。いたるところに遺跡街の土の建物が無数に建っている。

## 10 P16-17 中華人民共和国「万里の長城」
Photo：©Songquan Deng

「宇宙から肉眼で見ることのできる唯一の建造物」と言われる中国を代表する世界遺産。中国歴代王朝が異民族や隣国からの襲来を防ぐために築いた城壁で、蛇のように山肌をつたっており、総延長は5万km以上になる。人類史上最大の建造物で、新・世界七不思議のひとつにも選ばれている。

## 11 P18-19　モンゴル「ゴビ砂漠」
Photo：©nonimatge

モンゴルから中国の内モンゴル自治区にかけて広がる砂漠。モンゴル国土の約30％を占め、総面積は約130万km²、世界で4番目の大きさを誇る。ゴビはモンゴル語で「草がまばらに生えている荒れた土地」という意味で、その名の通り、砂丘部分は少なく、草がまばらに生える草原が多い。

## 12 P20-21　ボリビア「コパカバーナ・チチカカ湖」
Photo：©fabio lamina

ペルーとボリビアの国境にまたがる南米最大の湖。標高3,810mという高地にあり、「汽船などが航行できる世界最高所」と言われている。そのチチカカ湖の南岸に面したペルーとの国境の街がコパカバーナ。カルバリオの丘から望むチチカカ湖とコパカバーナの景色は、夕陽が沈む時間帯が特に美しい。

## 13 P22-23　コスタリカ「タマリンドビーチ」
Photo：©Caroline Brundle Bugge

スペイン語で「富める海岸」を意味するコスタリカの太平洋岸、グアナカステ州にある美しいビーチリゾート。サーフポイントとしても有名で、アメリカや中南米から多くのサーファーが訪れている。豊かな自然に恵まれており、世界でも有数のエコツーリズムの目的地となっている。

## 14 P24-25　ニューカレドニア「グランドテール島」
Photo：©cachou44

フランス領ニューカレドニアの本島にあたり、南太平洋で3番目の大きさの島。南部に最大都市のニューカレドニアの首都ヌメアがある。スケールの大きな自然が広がり、海岸線にはマングローブが生育している。北部にあるハートの形をしているマングローブが注目を浴びている。

## 15 P26-27　ニュージーランド「ミルフォードサウンド」
Photo：©cmeder

ニュージーランド南島、世界遺産に登録されている「テ・ワヒポウナム」の大部分を占めるフィヨルドランド国立公園。その中で最も有名な景勝地「ミルフォートサウンド」。氷河の侵食作用で削られた険しい山々に挟まれた狭い入江が美しい。クルーズや遊覧飛行で景観を楽しむことができる。

## 16 P28-29　ベトナム「ハロン湾」
Photo：©sergwsq

ベトナムの首都ハノイの東、約150kmの距離にある大小約3,000もの岩島が浮かぶ湾。海面からそそり立つ断崖絶壁の岩の島、雨で侵食された奇岩の島が散らばる風景は、まるで山水画のよう。ジャンク船と呼ばれる帆掛け船が浮かび、それらに乗るクルーズツアーも人気。

## 17 P30-31　イタリア「カプリ島・青の洞窟」
Photo：©CAHKT

イタリア南部に浮かぶカプリ島。周囲の断崖絶壁には海食洞がたくさんあり、その中で最も有名なものが「青の洞窟」。洞窟内には、手漕ぎの小船に乗ってわずかに開いた入口から、潮の少ないタイミングを狙って入る。水面から放たれる深い青色の輝きが洞窟内に広がり、神秘的な絶景を生み出している。

## 18 P32-33 スペイン「バルセロナ・グエル公園」
Photo：©Andrey Danilovich

世界遺産「アントニ・ガウディの作品群」のひとつ。バルセロナの美しい街並みが一望できる公園。E. グエル伯爵からの依頼でガウディが設計した庭園住宅都市だったが、分譲住宅がほとんど売れず、計画は頓挫。未完成のまま市に買い取られて公園になった。

## 19 P34-35 トルコ「パムッカレ」
Photo：©muratart

トルコ西部に位置する「綿の城」の意味を持つ純白の石灰棚。高さ200m、連なる棚は100以上もあり、その一部は観光客にも開放されていて、温泉に足を入れながら楽しむことができる。ローマ帝国時代の遺跡も残っており、ともに「ヒエラポリス - パムッカレ」という名で世界遺産に登録されている。

## 20 P36-37 ケニア「アンボセリ国立公園」
Photo：©Prazis

標高5,896mを誇るアフリカ最高峰、キリマンジャロの麓に広がる国立公園。元々はキリマンジャロの噴火によってできたアンボセリ湖が干上がった平地で、湖は雨季にのみ姿を見せる。中央には湿地帯があり、ゾウをはじめ、ライオン、サイ、カバなど様々な動物が集まる。

## 21 P38-39 ノルウェー「トロルスティーゲン」
Photo：©GagarinART

世界屈指の観光ルート63号線「ゴールデンルート」の途中にある、11ものヘアピンカーブを持つ山岳路。氷河に削られたU字谷の崖にへばりつくようにカーブした道が走り、驚きの景観を生み出している。「トロル」とはノルウェーの童話に登場する森の妖精で、トロルスティーゲンは「トロルのはしご」を意味する。

## 22 P40-41 中華人民共和国「張掖丹霞地貌」
Photo：©BIHAIBO

古代シルクロードの東西を結ぶ重要なルート「河西回廊」の中間にある、世界的にも希な造形美を持つ大地。七彩山と呼ばれるカラフルな地層が美しい山々が広がり、「東洋のグランドキャニオン」とも称されている。特に夕陽が赤く染める異空間のような光景は圧巻。

## 23 P42-43 スイス「アイガー」
Photo：©SerrNovik

ヨーロッパ中央部を東西に横切るアルプス山脈の西、ベルナーアルプスにあるスイスを代表する山「アイガー」。標高は3,970mあり、北壁は高さ1,800mの岩壁で、グランドジョラスの北壁、マッターホルン北壁とともに、困難な三大ルートのひとつとして知られ、「アルプスの三大北壁」と呼ばれている。

## 24 P44-45 オーストラリア「ウルル（エアーズロック）」
Photo：©Simon Bradfield

オーストラリア大陸のほぼ中央に位置する世界最大級の一枚岩。先住民アボリジニの聖地で、「ウルル」と呼ばれているが、イギリスの探検家によって名付けられた「エアーズロック」という名の方が広く知られている。朝、昼、夕、刻一刻と色を変える岩肌が美しい。

## 25 P46-47　マルタ「ヴァレッタ」
Photo：©shalamov

地中海中央部に浮かぶ島国、マルタ共和国の首都「ヴァレッタ」。岩山に造られた美しい街で、全体が世界遺産に登録されている。「宮殿の町」と呼ばれており、歴史、文化、考古学など様々な遺産が残っている。「地中海のヘソ」とも言われ、リゾート地としても有名で、多くの観光客が訪れている。

## 26 P48-49　中華人民共和国「雲南省」
Photo：© 小海もも子

中華人民共和国の最西南部に位置する雲南省。南部はベトナム、ラオスと国境を接し、南部から西部にかけてはミャンマーと接している。写真は雲南省最北の町「徳欽」あたり、チベットの古都ラサに向かう途中の道。眼下にはメコン川（上流部）が流れ、五体投地でラサを目指す巡礼者を見ることができる。

## 27 P50-51　スペイン「アンダルシア」
Photo：©BigLip

白い街並みが続き、まばゆい陽光がふりそそぐスペイン南部、アンダルシア地方。夏のはじめ、あたり一面を見渡す限りひまわりが埋め尽くす。澄みきった深い青い空の下で咲き誇る花々は、まさに圧巻。セビリア、マラガ、グラナダなど、それぞれ異なった歴史と趣を抱く町の叙情は、旅人を魅了する。

## 28 P52-53　チリ「イースター島」
Photo：©Grafissimo

チリ本土から西へ約3,800kmに浮かぶ、「絶海の孤島」と呼ばれているイースター島。1722年の復活祭＝イースターの日に発見されたことからイースター島と名付けられた。島にある唯一の村ハンガロアを拠点に、およそ1,000体のモアイがあちらこちらに佇んでいる神秘の島。

## 29 P54-55　エジプト「白砂漠」
Photo：©cinoby

エジプト、ナイル川の西側に広がる砂漠地帯「西方砂漠」で、最も有名な白砂漠。風によって削られてできた不思議な形をした奇岩が林立し、まるで宇宙に飛び出してしまったかのような異世界が広がる。昼は青い空と白い奇岩のコントラストを、夕方は夕陽に染まる砂漠を、そして夜は満天の星空を楽しむことができる。

## 30 P56-57　ニュージーランド「テカポ湖」
Photo：©Sebastian Warneke

ニュージーランド南島にある美しいミルキーブルーの湖。湖畔に建つのは、善き羊飼いの教会。先住民の言葉でテカポは「夜の寝床」を意味し、夜空に広がる星空は世界一と言われている。「テカポの星空を世界遺産にしよう」という活動が行なわれており、決定すれば世界初の星空世界遺産となる。

## 31 P58-59　イギリス「ジュラシックコースト」
Photo：©urbancow

イングランド南東部、東西150kmにも渡り絶景が続く美しい海岸線。2001年に、「ドーセットと東デヴォンの海岸」という名で世界遺産に登録された。ジュラシックコーストという名の通り、ジュラ紀に形成された地層が露出している地域で、アンモナイトなどの化石が見つかることでも知られている。

## 32 P60-61　日本「富士山」
Photo：©Luciano Mortula

静岡県と山梨県にまたがる日本最高峰（標高3,776m）。円錐形の成層火山だが、1707年の大噴火以後は激しい活動は確認されていない。2013年に「富士山 - 信仰の対象と芸術の源泉」として、周辺の神社、遺跡、洞窟、湖などと合わせて世界遺産に登録された。写真は山梨県の山中湖から撮影されている。

## 33 P62-63　オーストラリア「ハットラグーン」
Photo：©Totajla

西オーストラリア州、パースから600kmほどの位置にある不思議な塩湖。湖に生息するバクテリアが、直射日光から身を守ろうと体内にカロチン色素を作り出して大量発生しているため、水が鮮やかなピンク色に染まって見える。別名「ピンクレイク」とも呼ばれている。

## 34 P66-67　アメリカ「セドナ」
Photo：© 須田誠

ネイティブ・アメリカンの聖地であり、聖なる儀式を行う祈りの場であったセドナ。抜けるような青い空を背景に、赤い岩山があたりを囲み、美しい清流が流れる。地球のエネルギーが渦を巻くように湧き出ている場所「ボルテックス」が数多く存在し、地球一の究極のパワースポットとの呼び声も高い。

## 35 P68-69　アンデス山脈
Photo：©AlexSava

南アメリカ大陸の西側に沿って約7,500km南北に貫く、世界最大の褶曲山脈。最高峰のアコンカグア山(6,960m)をはじめ、6,000mを超える山が多い。山脈はベネズエラ、コロンビア、エクアドル、ペルー、ボリビア、アルゼンチン、チリの7カ国にまたがっている。

## 36 P70-71　スペイン「マラガ」
Photo：©Sean Pavone

スペイン南端にあるリゾート「コスタ・デル・ソル（太陽海岸）」の中心地。地中海に面する温暖な地域で、周辺には美しい白壁の街並みが広がる、ヨーロッパ人から最も人気のある観光地。ピカソ生誕の地としても有名で、ピカソ美術館や2万年以上前の壁画などが見られる博物館、カテドラル、闘牛場などが名所。

## 37 P74-75　トルコ「カッパドキア」
Photo：© 岡村龍弥

トルコ・イスタンブールから飛行機で約1時間の場所に位置する世界遺産。円錐型、尖頭型、円柱型、キノコ型、帽子をかぶっているように見える形のものまで、奇岩が群立する不思議な世界が広がっている。朝陽に照らされる奇岩群を、気球に乗って眺めるツアーが人気。

## 38 P76-77　ベトナム「コンダオ島」
Photo：©GoodOlga

ベトナム、ホーチミンから南へ230kmの場所に浮かぶ16の島からなる諸島。豊かなマングローブと珊瑚礁、真っ白な砂浜、透き通るエメラルドグリーンの海に囲まれた島々は、「ベトナム最後の楽園」と呼ばれている。野生ウミガメ保護区にも指定されており、人魚のモデルとなったとジュゴンも生息している。

## 39 P78-79 中華人民共和国「黄山」
Photo：©KingWu

中国・安徽省南部に広がる、世界遺産にも登録されている名山。皇帝・黄帝が、ここで仙薬を調合し仙人になったという伝説から、黄山と名付けられた。奇松、怪石、雲海、温泉という4つが複合して生み出す独特の景観が美しく、「黄山を見ずして、山を見たと言うなかれ」と称されるほど。

## 40 P80-81, 奥付 スヴァールバル諸島「スピッツベルゲン」
Photo：©pum_eva, 奥付 ©NormanPelerinage

北極点までわずか1,200kmの距離にある北極圏に浮かぶノルウェー領・スヴァールバル諸島最大にして唯一の有人島。約3,000頭のホッキョクグマが生息していて、セイウチ、トナカイ、北極ギツネ、クジラなどに出違うこともある野生動物の宝庫。アンデルセン童話「雪の女王」では、雪の女王の宮殿のある場所とされている。

## 41 P82-83 ポルトガル「アルガルヴェ」
Photo：©silverjohn

ポルトガル本土の最南端の地域。黄金に輝く断崖に守られた白砂の美しいビーチと、青く透き通った海が、魅力的な景色を作り出す。年間3,000時間以上の日照があり雨が少ない地中海性気候で、毎日と言っていいほど穏やかで暖かく、波も静か。リゾート地としても人気が高い。

## 42 P84-85 タンザニア「ンゴロンゴロ保全地域」
Photo：©nok6716

タンザニア北東部に位置する、巨大なクレーター（噴火口）と広大なサバンナからなる自然保護地域。ンゴロンゴロは、スワヒリ語で「巨大な穴」を意味する。標高2,400m あるクレーターの内部には周囲と隔離された生態系が形成され、多くの野生動物たちが暮らしている。

## 43 P86-87 オーストラリア「グレートバリアリーフ」
Photo：©pniesen

オーストラリア北東岸、2,000km以上もの長さに約3,000の暗礁群と約900の島を持つ世界最大の珊瑚礁地帯。その大きさから「宇宙から認識できる唯一の生命体」と言われている。多種多様な海洋生物の宝庫であり、1981年に世界遺産にも登録されている。

## 44 P88-89 ヒマラヤ山脈
Photo：©A330Pilot

古代サンスクリット語で「雪のすみか」を意味するヒマラヤは、インド亜大陸とチベット高原を隔てる無数の山脈から構成される地球上で最も標高の高い地域。ブータン、中国、インド、ネパール、パキスタンの5つの国にまたがり、世界最高峰のエベレストをはじめ、8,000m 級の山が14峰、7,200m 以上の山が100峰以上連なっている。

## 45 P90-91 アラスカ「グレイシャーベイ国立公園」
Photo：©BriBar

太平洋とカナダの間に位置するアラスカ南端一帯に広がる、総面積500㎢ある国立公園。1979年に世界自然遺産に登録されている。シャチやクジラなど多くの海洋動物が生息し、起伏の激しい山々が連なり、透きとおる青い海にダイナミックな氷河が浮かぶ圧巻の光景が広がっている。

## 46 P92-93　パプアニューギニア「ハイランド地方」
Photo：©Byelikova_Oksana

南太平洋最後の楽園、パプアニューギニアの中央部に広がるハイランド地方。その名の通り3,000m級の石灰石でできた高い山々が連なり、その山あいに小さな村が点在する。多くの部族が暮らしており、「民族の宝庫」とも言われている。民族衣装を着飾って踊る、一風変わった舞踊「シンシン」も有名。

## 47 P72-73, P94-95　イエメン「ソコトラ島」
Photo：P72-73©irinabal18, P94-95©javarman3

アラビア半島の南端に位置する国、イエメン。その東南の沖合約300kmに浮かぶ島。動植物が独自の進化を遂げており、大きなキノコのような奇妙な樹「竜血樹」や瓶のような形をした「ボトルツリー」など、異彩を放つ植物が立ち並ぶ。秘境、異世界、さらには魔境とまで言われる、地球とは思えない不思議な空間が広がっている。

## 48 P96-97　チベット「マーナサローワル湖」
Photo：© 小海もも子

北をカラコルム山脈、南をヒマラヤ山脈に囲まれたヤルンツァンポ川（ブラフマプトラ川）の最上流にある湖。「世界最高所にある淡水湖」と言われており、透明度も非常に高い。仏教、ボン教、ヒンドゥー教、ジャイナ教4つの宗教の聖地であるカイラス山の近くにあり、ナムツォ、ヤムドク湖とともにチベット三大聖湖と呼ばれている。

## 49 P98-99　オーストリア「ダッハシュタイン」
Photo：©focusstock

オーストリア中部、ザルツカンマーグート地方にあるカルスト地形の山塊。「ザルツカンマーグート地方のハルシュタットとダッハシュタインの文化的景観」という名で世界遺産に登録されている。石灰岩や氷河によって形成された洞窟群が数多くあり、それぞれの洞窟に氷の独特な景観が広がっている。

## 50 P100-101　イスラエル「エルサレム旧市街」
Photo：©silverjohn

イスラエル東部にある都市エルサレムは、ユダヤ教、キリスト教、イスラム教という3つの宗教の聖地がある街。城壁に囲まれた旧市街は東エルサレムに含まれ、歴史的・宗教的建造物が数多く残っており、世界遺産にも登録されている。黄金色に輝くの「岩のドーム」が印象的。

## 51 P102-103　モロッコ「サハラ砂漠」
Photo：© 井上ナホ

ナイルから大西洋までアフリカ大陸北部を縦断する、世界最大の砂漠（実際は南極大陸が世界一大きい砂漠と言われる）。その面積は1,000万km²にもおよび、アフリカ大陸の3分の1を占め、ほぼアメリカ合衆国と同じ面積。果てしなく広大な砂の世界は、「地球上で最も乾燥した場所」とも言われている。

## 52 P104-105　アメリカ「ブライスキャニオン」
Photo：©Marcus Lindstrom

ユタ州南西部の海抜約2,500m地点にある、円形劇場のようなすり鉢状の大地。そこには、フードゥーと呼ばれる岩の突起物が無数にそびえ立つ。アメリカで最も光害が少ないと言われ、星空を観賞するのにも適した地でもある。太陽の光、傾きとともに無限の色彩が広がる。

## 53 P106-107　カザフスタン「ビッグアルマティレイク」
Photo：©Wirestock

カザフスタン最大の都市であるアルマティから、約 35km に位置する湖。街から近く日帰りでも行けるにもかかわらず、標高は 2,500mで、周囲を 3,000m 超えの山々が取り囲んでいて、絶景が広がっている。水の色がエメラルドグリーンで美しく、「アルマティの真珠」として知られている。

## 54 P108-109, P130-131　イタリア「トスカーナ」
Photo：P108-109©StevanZZ, P130-131©Ancika

ルネッサンス芸術の中心地となったフィレンツェ、斜塔で有名なピサ、シエーナなど多くの古都や世界遺産の街を擁するイタリア観光メッカ、トスカーナ州。糸杉が連なる丘陵地帯はまるで絵のような美しい景観が広がり、世界中から集まる旅人の目を楽しませてくれる。

## 55 P110-111　マダガスカル「マダガスカル島」
Photo：©dennisvdw

日本の約1.6倍の面積、世界第4位の大きさを誇る、インド洋に浮かぶ島国。独自に進化した固有の動植物が多く見られ、「悪魔が巨木を引き抜いて逆さまに突っ込んだ」という言い伝えがあるユニークな形のバオバブの木が有名。夕陽に染まるバオバブ並木道は、まさに絶景。

## 56 P112-113　クロアチア「プリトヴィツェ湖群国立公園」
Photo：©Fesus Robert Levente

クロアチアの首都ザグレブとアドリア海沿岸の間に位置する国立公園。大小16の湖と92の滝がエメラルドグリーンの幻想的な景観を作り出しており、約 300 種類の蝶や、クマ、オオカミ、カワウソなどの野生動物が数多く生息している。「世界で最も美しい滝がある場所」として知られており、世界遺産にも登録されている。

## 57 P114-115　オランダ「アルクマール」
Photo：©JacobH

アムステルダムの北部、ホラント州にある歴史都市。運河に囲まれたレトロな街並みや、オランダならではの「風車にチューリップ」の景色が楽しめる。毎年4月から9月に開催されるチーズマーケットには、世界中から多くの観光客が訪れる「チーズの街」としても有名。

## 58 P116-117　アメリカ「アラスカ・ソーヤ氷河」
Photo：©fallbrook

アラスカ州の州都ジュノーの約80km 南に位置するフィヨルド「トレーシーアーム」の最深部にある氷河。両岸には花崗岩の壁が鋭くそびえ立ち、神秘的な青い色をした氷河や滝を見ることができる。周辺海域には、ラッコ、イルカ、アザラシ、クジラ、シャチなどの多くの野生動物も住んでいる。

## 59 P118-119　タイ「ピピレイ島」
Photo：©antpkr

タイ・プーケットの南東約50kmのアンダマン海上に浮かぶ、6つの島からなるピピ島。そのうちのひとつピピレイ島は、全体が切り立った崖のような地形をしている無人島。レオナルド・ディカプリオ主演の映画「ザ・ビーチ」の舞台となった湾「マヤベイ」があり、壮大な景観と美しさで旅人たちを魅了している。

## 60 P120-121　ニュージーランド「フランツジョセフ氷河」
Photo：©JohnCarnemolla

ニュージーランド南島の西岸、ウェストランド国立公園にある氷河。7000年もの年月をかけて堆積した氷が山肌を削りながら流れ込んでできた、全長約12kmにもおよぶ氷の塊。見て楽しむだけではなく、氷河の上を歩く「氷河ウォーク」や、ヘリコプターに乗って上から見るツアーを楽しむことができる。

## 61 P122-123　インドネシア「バリ島・バトゥール湖」
Photo：©Nikada

神々の島・バリ島北東部のキンタマーニ高原にある湖。川や泉を生み出した女神が住むと言われるこの湖は、バリ島文化の象徴的存在、島の人々の信仰の対象として、2012年に世界遺産に登録された。キンタマーニ高原から眺めるバトゥール山とバトゥール湖は実に美しい。

## 62 P124-125　ボリビア「ウユニ塩湖」
Photo：©Hiroyuki Toyokawa

南米・ボリビアの標高3,692mの地点に存在する巨大な塩湖。想像を遥かに凌駕する量の塩が見渡す限りの大平原に敷き詰められ、白銀の美しい世界を生み出している。降り注いだ雨が地上に湛えられると、大地が天然の鏡のようになり空の色が映り込み、まるで雲の上にいるかのような上下対称の夢幻世界が生まれる。

## 63 P126-127　チリ「パタゴニア・トーレスデルパイネ」
Photo：©encrier

チリの首都サンディエゴから南へ約3,000km、アルゼンチンとの国境沿いにある国立公園。山、氷河、湖など手付かずの自然が広がり、パタゴニアの魅力が凝縮されていると言われている。日帰りから10日間コースまで、多様なトレッキングコースがあり、世界中のトレッカーを魅了している。

## 64 P128-129　ポルトガル「サンミゲル島（アゾレス諸島）」
Photo：©VickySP

ポルトガル沖約1,000kmの大西洋上に浮かぶ火山活動で生まれたアゾレス諸島は9つの島からなる。その中で最大の島サンミゲルには、火山が形成した神秘的なカルデラ湖の絶景が広がっている。島内には多くの温泉や間欠泉が見られ、大地から湧き出るパワーを感じることができる。

## 65 P132-133　ブータン「タクツァン僧院」
Photo：©pixeldepth

ブータン唯一の空港がある町、パロから車で40分ほど行った郊外にある、標高約3,000mの断崖に建てられたブータン仏教の聖地。タクツァンとは「虎の巣」という意味で、ブータンにチベット仏教を広めた聖人パドマ・サンバヴァが、虎の背中に乗って訪れ、ここで瞑想をしたという伝説が残っている。

## 66 P134-135　コロンビア「ラ・ピエドラ・デル・ペニョール」
Photo：©DC_Colombia

家もお店もカラフルな町、グアタペにそびえる巨大岩。高さ220mもある巨大な1枚岩で、その異様な姿から「悪魔のタワー」と呼ばれ恐れられていた。現在は多くの登山ルートが確保され、ロッククライマー垂涎の地となっている。靴紐を結んだような階段も設置されているので、誰もが気軽に登頂し絶景を楽しめる。

## 67 P136-137　アメリカ「ハワイ・カウアイ島」
Photo：©tobkatrina

ハワイ諸島の最北端に位置する最古の島。ハワイで4番目の大きさで、直径約50kmのほぼ円の形をしている。「ガーデンアイランド（庭園の島）」と呼ばれるほど自然豊かな島で、鬱蒼と茂る熱帯雨林や尖った山頂、深い渓谷、いくつもの滝など、想像を超える雄大な絶景があふれている。

## 68 P138-139　ハンガリー「パンノンハルマ大修道院」
Photo：©Márk Borbély

ハンガリーの首都ブダペストから西へ約100km、「聖マルティスの丘」と呼ばれる標高282mの小高い丘の上に建造された修道院。聖マルティン教会や蔵書数は40万冊を超える世界最大級の古文書館やワイナリーもある。記念すべき建造千年（1996年）に世界遺産に登録されている。

## 69 P140-141　チリ「マーブル・カテドラル」
Photo：©R.M. Nunes

ヘネラル・カネーラ湖の中央部にある大理石でできた洞窟。6200年かけて大理石が湖水に浸食されてできた洞窟で、断面のマーブル模様はまるで彫刻作品。湖水を反射してつくり出される幻想的な青の世界は圧巻で、「世界一の美しい洞窟」との呼び声も高い。

## 70 P142-143　アメリカ「アンテロープキャニオン」
Photo：©IngaL

アリゾナ州ベイジ近郊にある奇妙な造形をした渓谷。先住民ナバホ族の居住区内にあるため、ナバホに認可されたツアーに乗って行く以外に観光する方法はない。長い年月を経て、鉄砲水や風によって砂岩が削り出されてできた自然の芸術。岩間から差し込む光が神々しく、非常に幻想的。

## 71 P144-145　アラブ首長国連邦「ドバイ」
Photo：©Cameron Strathdee

超高層ビルや巨大モールなど、数多くの「世界一」「世界最大」を有し、進化を続ける近未来ラグジュアリーリゾート。埼玉県とほぼ同じ面積でありながら、世界屈指の観光地である。豪華なビル群に目が行きがちだが、その都市の周りは広大な砂漠に囲まれている。

## 72 P146-147　インド「タージマハル」
Photo：©Nikada

インド北部、アグラにある白亜の霊廟。ムガル帝国第五代皇帝シャー・ジャハーンが、愛妃ムムターズ・マハルの死を嘆き悲しみ、その愛を表現するために建設された。完全なる左右対称、ドームの柔らかなフォルム、前庭の池に映しだされた姿……その壮麗にして典雅な姿は、「天上の七つの楽園をも凌ぐ美しさ」とも言われている。

## 73 P148-149　ウクライナ「カルパティア山脈」
Photo：©j-wildman

中央ヨーロッパから東ヨーロッパに延びる山脈。スロバキアとウクライナにまたがるカルパティア山地の10種の原生ブナ林群は、世界最大のブナの原生地域。美しい景観もさることながら、植物・生物多様性の維持という観点からも貴重な存在で、世界遺産に登録されている。

## 74 P150-151　オーストラリア「ケーブルビーチ」
Photo：©sebastianbourges

西オーストラリア州、キンバリー地域のブルームにあるビーチ。20km以上にもわたって白い砂浜が広がり、朝陽や夕陽に照らされる美しい時間帯に、ラクダに乗って砂浜を歩く「キャメルウォーク」が楽しめる。月光が反射し、海面に光の芸術を描き出す自然現象「月への階段」も有名。

## 75 P152-153　フィンランド「ピュハ゠ルオスト国立公園」
Photo：©lightpix

フィンランド最北の地域であるラップランドにあるピュハ゠ルオスト。フィンランドで最も古い国立公園のひとつで、渓谷、森、丘の景色を楽しみながらトレッキングすることができる。冬には、光の織りなす神秘の自然現象オーロラも鑑賞できる。

## 76 P154-155　グリーンランド「ヌーク」
Photo：©nevereverro

国土面積218万km²（日本の約6倍）、その80％を氷河に覆われた世界最大の島、デンマーク領グリーンランド。総面積の90％が北極圏に属し、観測史上最低気温はマイナス70度。首都のヌークは、フィヨルド沿いに位置し、絵本のようなカラフルな家が立ち並ぶ。

## 77 P156-157　クロアチア「ドブロブニク」
Photo：©phant

クロアチア最南端、「アドリア海の真珠」と謳われる街。中心地には約2kmにも渡る堅牢な城壁に囲まれた旧市街が広がり、オレンジ色の屋根が美しく並ぶ。教会や宮殿、噴水、住宅、路地裏まで、どこを切り撮っても絵になる街。映画「紅の豚」の舞台になったとも言われている。

## 78 P158-159　ベネズエラ「エンジェルフォール」
Photo：©alicenerr

南米ベネズエラの南東部に位置するカナイマ国立公園内、地球最後の秘境ギアナ高地。そこにある「悪魔の山」という意味を持つアウヤンテプイの頂上から流れ落ちる滝がエンジェルフォール。979mもの世界最高落差を誇るこの滝は、あまりにも落差がありすぎて、地面に落ちる途中に水が霧となり、滝壺が存在していないほど。

## 79 P160-161　イタリア「ドロミテ・セッラ山群」
Photo：©rudigobbo

イタリアとオーストリア国境付近に広がるドロミテ山塊。岩肌剥き出しの雄々しい山並みが魅力のこの絶景は「ヨーロッパ屈指」と称えられ、2009年に世界遺産に登録されている。東西を阻むように存在するセッラ山群の標高は3,152m。灰色の岩肌はドロマイトの成分によるもので、鉱石を発見した地質学者ドロミウの名に由来している。

## 80 P162-163　ブラジル「コルコバードの丘」
Photo：©luoman

ブラジルのリオデジャネイロにある標高710mの丘。頂上には両腕を広げた形の巨大なキリスト像が立つ展望台があり、リオデジャネイロの街と青く輝く海岸線や巨石がそびえ立つ山々が融合した美しい景観を一望できる。この絶景は、2012年に世界遺産に登録されている。

## 81 P164-165　ペルー「マチュピチュ」
Photo：©ramihalim

絶壁の山々がそびえる南米アンデス・ウルバンバ渓谷の山間、標高2,280mに忽然と現れる世界遺産「マチュピチュ」。麓からはその存在を確認できないことから「空中都市」とも呼ばれている。この遺跡が何のために作られたのか、多くの謎は未だに解明されておらず、新・世界七不思議のひとつに選ばれている。

## 82 P166-167　オーストラリア「アリススプリングス・レインボーバレー」
Photo：©TonyFeder

オーストラリア大陸のほぼ中央に位置する、先住民アボリジニの居住区が多く存在するアリススプリングス。その街から、南へ約70kmの場所ある渓谷。300万年以上も前から存在しているこの岩は、様々な物質を含んでおり、夕陽に染まるとまるで虹のような色彩を見せることから「レインボーバレー」と呼ばれている。

## 83 P168-169　カナダ「バンフ国立公園・モレーン湖」
Photo：©naomuro

カナダのアルバータ州のバンフ国立公園内、標高1,884mに位置する氷河湖。トルコ石を彷彿とさせるブルーの湖水が美しく、「カナディアンロッキーの青い宝石」と謳われている。湖の後方にはカナダの20ドル札の裏面に印刷された「テンピークス」という10の頂がそびえ立っており、「カナダで最も多く写真が撮られる場所」と言われている。

## 84 P170-171　パラオ「ロックアイランド」
Photo：©shalamov

2012年に世界遺産に登録されたロックアイランドは、パラオのコロール州に点在する445の島々の総称。マッシュルーム形の島々とコバルトブルーのラグーンが広がり、非常に美しい景観を生み出している。ダイビングスポットも点在し、無数のクラゲと泳げる湖「ジェリーフィッシュレイク」は世界的にも有名である。

## 85 P172-173　インド「バラナシ・ガンジス川」
Photo：©shylendrahoode

インドの首都デリーから南東に約820kmの場所に位置する、ヒンドゥー教・仏教の聖地、バラナシ。1500のヒンドゥー教寺院と270以上のモスクがあり、聖なる川「ガンジス」が流れている。年間100万人を超える参拝客が訪れ、川の西岸約500kmに渡って伸びる階段状のガートで沐浴し、身を清めている。

## 86 P174-175　台湾「九份」
Photo：©Sean Pavone

台湾北部、新北市の山あいにある九份。かつては金の採掘によって栄えたが、近年、映画「非情城市」の舞台となり、「千と千尋の神隠し」の世界に似ていると話題となり、台湾を代表する観光スポットになった。昼は傾斜地の街から海が望め、夜は連なる提灯に灯りがともり、レトロで情緒ある風景が楽しめる。

## 87 P176-177　ウクライナ「クレヴァニ・愛のトンネル」
Photo：©sandsun

映画「クレヴァニ、愛のトンネル」の撮影地として有名になった、ウクライナの小さな村クレヴァニにあるトンネル。両側に生い茂った樹が見事なアーチを作り、ロマンチックで美しい風景が広がっている。線路は現役で使われており、1日3本ほど列車が走っている。

## 88 P178-179　フィリピン「ボホール島・チョコレートヒルズ」
Photo：©mattjeacock

フィリピン・セブ島の隣に位置するボホール島。その中央部に、高さ30mほどの円錐形の丘が1,000個以上も連なる、異世界のような不思議な光景が広がる。その丘を覆う植物が乾期になると焦げ茶に染まり、まるでチョコレートのように見えることから「チョコレートヒルズ」と名付けられた。

## 89 P180-181　アタカマ砂漠
Photo：©Dmitry Chulov

チリを中心に、ペルー、ボリビア、アルゼンチンにかかる広大な砂漠。平均標高は約2,000mにも達する。また、世界で最も降水量が少ない地域なので、「世界一乾燥した砂漠」とも言われている。標高が高く空気も乾燥しているため天文観測に適しており、星空の美しさは世界一という呼び声も高い。

## 90 P182-183　チベット「ヤムドク湖」
Photo：© 瀬戸山萌水

中華人民共和国チベット自治区のラサの西南部、標高4,441mにある湖。チベット語で「トルコ石の湖」を意味し、チベット三大聖湖のひとつに数えられている。その名の通り、水面がトルコ石のように青く光り、標高4,749mのカンバ峠から望む姿は特に美しいと言われている。

## 91 P184-185　南アフリカ「ケープ半島」
Photo：©Diriye

アフリカ大陸南西部の先端、自然と街が見事に融合したアフリカで最も美しい街「ケープタウン」がある半島。全長約75km、南端には喜望峰とケープポイントがあり、北部にはテーブルマウンテン山脈がある。その山脈の全域と半島の一部は、世界遺産に登録されている。

## 92 P186-187　イギリス「エーヴベリー」
Photo：©krzych-34

イギリスを代表するストーンサークル「ストーンヘンジ」から30kmほど北方にある、3つのストーンサークルを含んだ新石器時代のヘンジ（土手と溝）。サークルの直径は400mを超え、作られた本来の目的は未だにわかっていない。ストーンヘンジとともに世界遺産に登録されている。

## 93 P188-189　ジンバブエ「ヴィクトリアフォールズ」
Photo：©Pawel Gaul

アフリカ南部、ジンバブエとザンビアの国境に位置する、高さ約110m、幅1,700mにおよぶ大瀑布。ナイアガラ、イグアスと並び、世界三大瀑布のひとつとして数えられている。1989年に世界自然遺産に登録されている。現地の言葉で「モシ・オ・トゥニャ（雷鳴轟く水煙）」とも呼ばれている。

## 94 P190-191　日本「長崎・九十九島」
Photo：©Yu Sugiyama

長崎県の佐世保港外から北へ、約25kmにわたり連なるリアス式海岸の群島。日本百景に選定されており、島の密度は日本一。九十九とは数がたくさんあるという意味の例え言葉で、実際の総数は公式には208島ある。有人島は4島、他はすべて無人島で、ほぼ全域が国立公園に指定され、自然のまま保全されている。

## 95 P192-193 ベリーズ「ブルーホール」
Photo：©Mlenny

「カリブ海の宝石」と呼ばれている国ベリーズには、世界2位の広さの珊瑚礁があり、世界遺産に登録されている。その中のライトハウス・リーフと呼ばれるエリアに、直径約300mもある円形の穴「ブルーホール」は存在する。穴の深さは120m以上にもおよび、その神秘さから「魔物の巣窟」とも例えられている。

## 96 P194-195 ナミビア「ナミブ砂漠」
Photo：©oversnap

現地の民族・サン人の言葉で「何もない」を意味するナミブ砂漠。ナミビアの国名の由来となった砂漠で、約8,000万年前に生まれた世界最古の砂漠と考えられている。約5万km²に広がる砂の世界に踏み入ると、オレンジ色の砂丘がいくつも連なり、まるで地球外の惑星に迷い込んだかのように感じる。

## 97 P196-197 アルゼンチン「イグアスの滝」
Photo：©mytrade1

アルゼンチンとブラジルの2カ国にまたがる、大小様々な滝が連なる大瀑布。ナイアガラ、ビクトリアと並び、世界三大瀑布のひとつとして数えられている。イグアスとは先住民の言葉で「大いなる水」という意味。最も水量の多い時期には毎秒6万5千トンもの水量が流れ落ち、その水量は世界一と言われている。

## 98 P198-199 マレーシア「キナバル」
Photo：©paulwongkwan

ボルネオ島北部にある、東南アジア独立峰の最高峰（標高4,095m）。溶岩が固まってできた山で、山域は「キナバル自然公園」として世界遺産に登録されている。3,400m付近の山小屋に1泊し、翌日の早朝に登頂してご来光を拝み、その日のうちに下山する登山ツアーが一般的で、世界中からクライマーが訪れる人気の山。

## 99 P200-201 ギリシャ「ザキントス島」
Photo：©Ljupco

ギリシャとイタリアとの間に広がるイオニア海最大の島。島の北西部にある、絶壁に囲まれた「ナヴァイオビーチ」は陸路からアクセスできず、船でしか行けない秘境。入り江は、波で削られた花崗岩が混ざり、鮮やかなターコイズブルーに染まっている。映画「紅の豚」、ポルコの隠れ家のモデルになったとも言われている。

## 100 P202-203 ドイツ「アルゴイ」
Photo：©wingmar

南ドイツ、西はボーデン湖から東はレヒ川の間に広がる地方。アルゴイアルプスの穏やかな丘陵と、その間に点在する湖、沼、小さな村々が独特な風景をなしている。牧畜がさかんで、特産品としてチーズが有名。緑の斜面に牛の姿を見かけることができ、のどかで牧歌的な雰囲気に満ちている。

## 101 P206-207 アメリカ「コロラド川」
Photo：©Dean_Fikar

アメリカ南西部およびメキシコ北西部を流れ、2カ国、7つの州、9つの国立公園を結ぶ川。ロッキー山脈西部に源を発し、カリフォルニア湾へと注ぐ。600万年もの長い年月をかけて地球上にその姿を刻み込み、雄大なグランドキャニオンをも形成した。現在、水の過剰消費などによって、下流では水が不足し危機的な状況にある。

## 102　P208-209　カナダ「ホワイトホース」
Photo：©Pi-Lens

アラスカと隣り合わせにあるユーコン準州。その州都が「ホワイトホース」と呼ばれる町。極北の大河ユーコン川の急流の白波が、まるで白馬のたてがみのように見えることから、その名が付けられた。オーロラの神秘的な光のショーを観察できることでも有名である。

## 103　P210-211　ミャンマー「バガン」
Photo：©uschools

カンボジアのアンコールワット、インドネシアのボロブドゥールとともに、世界三大仏教遺跡に数えられるミャンマー仏教の聖地。イラワジ川中流域の東岸の見渡す限りの平原に、無数の仏塔が建ち並ぶ光景はまさに圧巻。仏塔の数は3,000を超えると言われている。

## 104　P212-213　フランス「モンサンミシェル」
Photo：©bluejayphoto

フランス西海岸から約1km沖に浮かぶ小島にそびえる修道院。神秘的で崇高な景観が美しく、「西洋の驚異」と称されており、周辺の湾とともに世界遺産に登録されている。フランスで最も有名な巡礼地、そして観光スポットであり、毎年300万人もの観光客や巡礼者が訪れている。

## 105　P214-215　チベット「グゲ遺跡」
Photo：© 小海もも子

西チベットのアリ地区に位置するグゲ王国最後の王都ツァパランの遺跡。1630年にラダック軍の攻撃によって、ツァパランは陥落し廃墟と化した。周囲には「グランドキャニオンの100倍、風の谷のナウシカの世界」と形容されるほどの圧倒的な景観が広がっている。

## 106　P216-217　スコットランド「スカイ島」
Photo：©lightkey

スコットランド、インナー・ヘブリディーズ諸島の最も北方に位置する最大の島。「スコットランドの宝石」「世界で最も美しい島」と称されるほど、自然豊かで美しい風景が広がっている。まるで妖精が出てきそうなほど透き通った湖「The Fairy Pools（妖精のプール）」が人気スポット。

## 107　P218-219　パキスタン「カラコルム山脈」
Photo：©Pavliha

パキスタン、インド、中国の3カ国にまたがる山脈。世界第2位の高峰・K2（8,611m）をはじめ、8,000m峰が4座、7,000m峰が60座以上もあり、世界中のトレッカーや登山家を魅了する山岳地帯となっている。カラコルムとは「黒い砂利」という意味で、その名の通り、黒い山肌が目立つ。

## 108　P236-237　アメリカ「ホースシューベンド」
Photo：©Greg Meland

アメリカ、アリゾナ州の最北部にあるページという町の郊外にある断崖絶壁。コロラド川が大きく蛇行する地形が、「ホースシュー」＝「馬の蹄鉄」のようにU字型であることから、ホースシューベンドと名付けられた。赤い荒野に突如現れる、自然に創り出された芸術的な岩の形が美しい。

## 出典・参考文献・協力一覧

本書に収められている言葉の一部は、書籍・雑誌等より紹介させていただきました。
掲載を承認していただいた方々に、心より感謝いたします。

編集部

『パタゴニア・プレゼンツ』エスクァイア・ジャパン
『BECK』ハロルド作石／講談社
『サウンド・オブ・ミュージック』20世紀フォックス ホーム エンターテイメント ジャパン
『いまを生きる』著：N・H・クラインバウム 訳：白石朗／新潮社
『カモメのジョナサン』著：リチャード・バック 訳：五木寛之／新潮文庫
『純プライド』吉田聡／小学館
『三代目魚武濱田成夫語録』三代目魚武濱田成夫／幻冬社文庫
『雀鬼流。』桜井章一／三五館
『コクーン』20世紀フォックス ホーム エンターテイメント ジャパン
『宇宙兄弟』小山宙哉／講談社
『旅人 ある物理学者の回想』湯川秀樹／角川ソフィア文庫
『イリュージョン』著：リチャード・バック 訳：村上龍／集英社文庫
『無常断章』清沢哲夫／法蔵館
『長い旅の途上』星野道夫／文春文庫
『ドラえもん』藤子・F・不二雄／小学館
『ドラゴン桜』三田紀房／コルク
『ネイティブ・アメリカン 聖なる言葉』
著：ロバート・ブラックウルフ ジョーンズ、ジーナ ジョーンズ 訳：加藤諦三 大和書房
『サンクチュアリ』史村翔、池上遼一／小学館
『ひとりぼっちの動物園』灰谷健次郎／あかね書房（重版未定）
『ONE PIECE』尾田栄一郎／集英社
『CREAM SODA PRESENTS No.3』
『生きて百年ぐらいなら うぬぼれつつけて生きたるぜ』三代目魚武濱田成夫／角川文庫
『The Little Prince』Antoine de Saint-Exupéry／Mariner Books
『カモメのジョナサン』著：リチャード・バック 訳：五木寛之／新潮文庫
『Whole Earth Catalog』October 1974
『金子みすゞ童謡全集』金子みすゞ／JULA出版局

20世紀フォックス ホーム エンターテインメント ジャパン
公益社団法人日本文藝家協会
マツダ株式会社
星野道夫事務所
株式会社藤子・F・不二雄プロ
灰谷健次郎事務所
株式会社日本ビジュアル著作権協会
日本航空株式会社
神戸女子大学
金子みすゞ著作保存会
一般社団法人日本音楽著作権協会 JASRAC 出 2400108-401

## LIFE IS A
# JOURNEY
Location of 1-108 in World Map

1. アメリカ「グランドキャニオン」
2. アメリカ「モニュメントバレー」
3. アメリカ「US-163」
4. フランス「プロヴァンス・ヴァランソル」
5. ドイツ「ノイシュヴァンシュタイン城」
6. チェコ「モラヴィア」
7. メキシコ「グランセノーテ」
8. ロシア「カムチャツカ」

9. エジプト「シワオアシス」
10. 中華人民共和国「万里の長城」
11. モンゴル「ゴビ砂漠」
12. ボリビア「コパカバーナ・チチカカ湖」
13. コスタリカ「タマリンドビーチ」
14. ニューカレドニア「グランドテール島」
15. ニュージーランド「ミルフォードサウンド」
16. ベトナム「ハロン湾」
17. イタリア「カプリ島・青の洞窟」
18. スペイン「バルセロナ・グエル公園」
19. トルコ「パムッカレ」
20. ケニア「アンボセリ国立公園」
21. ノルウェー「トロルスティーゲン」
22. 中華人民共和国「張掖丹霞地貌」
23. スイス「アイガー」
24. オーストラリア「ウルル（エアーズロック）」
25. マルタ「ヴァレッタ」
26. 中華人民共和国「雲南省」
27. スペイン「アンダルシア」
28. チリ「イースター島」

29. エジプト「白砂漠」
30. ニュージーランド「テカポ湖」
31. イギリス「ジュラシックコースト」
32. 日本「富士山」
33. オーストラリア「ハットラグーン」
34. アメリカ「セドナ」
35. アンデス山脈
36. スペイン「マラガ」
37. トルコ「カッパドキア」
38. ベトナム「コンダオ島」
39. 中華人民共和国「黄山」
40. スヴァールバル諸島「スピッツベルゲン」
41. ポルトガル「アルガルヴェ」
42. タンザニア「ンゴロンゴロ保全地域」
43. オーストラリア「グレートバリアリーフ」
44. ヒマラヤ山脈
45. アラスカ「グレイシャーベイ国立公園」
46. パプアニューギニア「ハイランド地方」
47. イエメン「ソコトラ島」
48. チベット「マーナサローワル湖」

49. オーストリア「ダッハシュタイン」
50. イスラエル「エルサレム旧市街」
51. モロッコ「サハラ砂漠」
52. アメリカ「ブライスキャニオン」
53. カザフスタン「ビッグアルマティレイク」
54. イタリア「トスカーナ」
55. マダガスカル共和国「マダガスカル島」
56. クロアチア「プリトヴィツェ湖群国立公園」
57. オランダ「アルクマール」
58. アメリカ「アラスカ・ソーヤ氷河」
59. タイ「ピピレイ島」
60. ニュージーランド「フランツジョセフ氷河」
61. インドネシア「バリ島・バトゥール湖」
62. ボリビア「ウユニ塩湖」
63. チリ「パタゴニア・トーレスデルパイネ」
64. ポルトガル「サンミゲル島（アゾレス諸島）」
65. ブータン「タクツァン僧院」
66. コロンビア「ラ・ピエドラ・デル・ペニョール」
67. アメリカ「ハワイ・カウアイ島」
68. ハンガリー「パンノンハルマ大修道院」

69. チリ「マーブル・カテドラル」
70. アメリカ「アンテロープキャニオン」
71. アラブ首長国連邦「ドバイ」
72. インド「タージマハル」
73. ウクライナ「カルパティア山脈」
74. オーストラリア「ケーブルビーチ」
75. フィンランド「ピュハハオスト国立公園」
76. グリーンランド「ヌーク」
77. クロアチア「ドブロブニク」
78. ベネズエラ「エンジェルフォール」
79. イタリア「ドロミテ・セッラ山群」
80. ブラジル「コルコバードの丘」
81. ペルー「マチュピチュ」
82. オーストラリア「アリススプリングス・レインボーバレー」
83. カナダ「バンフ国立公園・モレーン湖」
84. パラオ「ロックアイランド」
85. インド「バラナシ・ガンジス川」
86. 台湾「九份」
87. ウクライナ「クレヴァニ・愛のトンネル」
88. フィリピン「ボホール島・チョコレートヒルズ」

89. アタカマ砂漠
90. チベット「ヤムドク湖」
91. 南アフリカ「ケープ半島」
92. イギリス「エーヴベリー」
93. ジンバブエ「ヴィクトリアフォールズ」
94. 日本「長崎・九十九島」
95. ベリーズ「ブルーホール」
96. ナミビア「ナミブ砂漠」
97. アルゼンチン「イグアスの滝」
98. マレーシア「キナバル」
99. ギリシャ「ザキントス島」
100. ドイツ「アルゴイ」
101. アメリカ「コロラド川」
102. カナダ「ホワイトホース」
103. ミャンマー「バガン」
104. フランス「モンサンミシェル」
105. チベット「グゲ遺跡」
106. スコットランド「スカイ島」
107. パキスタン「カラコルム山脈」
108. アメリカ「ホースシューベンド」

# LIFE IS A JOURNEY

ライフ イズ ア ジャーニー

2024年2月22日　初版発行

編集　A-Works

デザイン　大津祐子
構成・編集　滝本洋平
編集補佐　菅澤綾子
写真・協力　須田誠／小海もも子／岡村龍弥／井上ナホ／Hiroyuki Toyokawa
瀬戸山萌水／Yu Sugiyama／Photripper／iStockphoto.com

印刷・製本　株式会社光邦

発行者　高橋歩

発行・発売　株式会社 A-Works
〒113-0023 東京都文京区向丘 2-14-9
URL：http://www.a-works.gr.jp/　E-MAIL：info@a-works.gr.jp

営業　株式会社サンクチュアリ・パブリッシング
〒113-0023 東京都文京区向丘 2-14-9
TEL:03-5834-2507　FAX:03-5834-2508

ISBN978-4-911101-00-1
日本音楽著作権協会（出）許諾第 2400108-401号

PRINTED IN JAPAN

※本書は 2015 年に小社から刊行された『JOURNEY』に新たに言葉を追加し、
リデザインした新装改訂版です。